AF175788

Impressum
Verlag: BABADADA GmbH, Nedderfeld 112 , 22529 Hamburg
Geschäftsführer / Verlagsleitung: Harald Hof
Druck: Books on Demand GmbH, In de Tarpen 42, 22848 Norderstedt

Imprint
Publisher: BABADADA GmbH, Nedderfeld 112 , 22529 Hamburg, Germany
Managing Director / Publishing direction: Harald Hof
Print: Books on Demand GmbH, In de Tarpen 42, 22848 Norderstedt

1

ቤት-ትምህርቲ

school

ክፍሊ ክላስ
classroom

መቐለ
divide

186/2

ሰሌዳ
board

ቀጽሪ ቤት-ትምህርቲ
school yard

መምህር
teacher

ወረቐት
paper

ጸሓፊ
write

መጽሓፊ
pen

ጣውላ ምድሓፍ
desk

መስመር
ruler

መጽሓፍ
book

ተመሃራይ
pupil

ሳንጣ ትምህርቲ

satchel

ሰፈር ብርዒ

pencil case

ርሳስ

pencil

መብልሒ ርሳስ

pencil sharpener

መደምሰሲ

rubber

ጥራዝ ስእሊ

drawing pad

ስእሊ

....

drawing

ብርዒ ቀለም

....

paintbrush

ቦክስ ቀለም

....

paint box

መቐስ

....

scissors

መጣበቒ

....

glue

ጥራዝ መላመዲ

....

exercise book

ዕዮ ገዛ

....

homework

ቁጽሪ

....

number

ወሰኽ

....

add

ጎደለ

....

subtract

ረብሐ

....

multiply

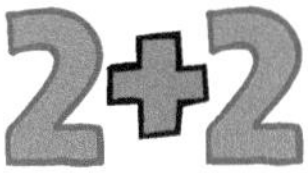

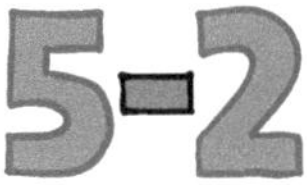

ደመረ

....

calculate

A

ፊደል

....

letter

ABCDEFG
HIJKLMN
OPQRSTU
VWXYZ

ስርዓት ፊደላት

....

alphabet

hello

ቃል

....

word

ጽሑፍ

text

ኣንበበ

read

ኩርሽ

chalk

ሰዓት

lesson

መዝገብ ክላስ

register

መርመራ

exam

ሰርቲፊከት

certificate

ድቢዣ ቤትትምህርቲ

school uniform

ትምህርቲ

education

ለክሲኮን

encyclopedia

ዩኒቨርሲቲ

university

ሚክሮስኮፕ

microscope

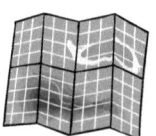

ካርታ

map

ጎሓፍ ወረቐት

waste-paper basket

መገሻ
travel

hotel
ሆስተል
hostel
CHANGE
ቦታ ቅያር ገንዘብ
bureau de change
suitcase
መኪና
car

ቋንቋ

language

እወ / ኖ

yes / no

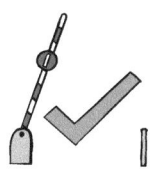

ሕራይ

Okay

ሰላም

hello

ኣስተርጓሚ

translator

የቐንየለይ

Thank you

. . . ክንደይ ዋግኡ?

....

how much is...?

ኣይተረድኣኹን

....

I do not understand

ሽግር

....

problem

ሰላም ምሸት!

....

Good evening!

ከመይ ሓዲርካ

....

Good morning!

ሰላም ለይቲ

....

Good night!

ደሓን ኩን

....

bye bye

ኣንፈት

....

direction

ጕዓዝ

....

luggage

ሳንጣ

....

bag

ሳንጣ ሕቖ

....

backpack

ጋሻ

....

guest

ክፍሊ

....

room

ክሻ መደቀሲ

....

sleeping bag

ቴንዳ

....

tent

ሓበሬታ በጻሕቲ ሃገር

tourist information

ገምገም ባሕሪ

beach

ክረዲት ካርድ

credit card

ቁርሲ

breakfast

ምሳሕ

lunch

ድራር

dinner

ቲከት

ticket

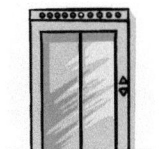

ሊፍት

lift

ማሕተም ደብዳበ

stamp

ዶብ

border

ድጓና

customs

ኣምበሲ

embassy

ቪዛ

visa

ፓስፖርት

passport

መጓዓዝያ

transport

ነፋሪት
aeroplane
መርከብ
ship
መኪና መጥፋኢ ሓዊ
fire engine
ናይ ጽዕነት መኪና
truck
አውቶቡስ
bus
ጃልባ ሞቶር
motorboat
ብሽግለታ
bike
መኪና
car

ፈሪ

ferry

ጃልባ

boat

ሞቶ

motorbike

መኪና ፖሊስ

police car

መኪና ቅድድም

racing car

ክራይ መኪና

rental car

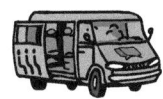

ምውፋይ መካይን
....
car sharing

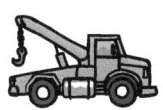

መወሰዲ መኪና
....
breakdown truck

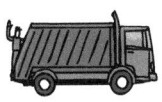

መኪና ጎሓፍ
....
refuse truck

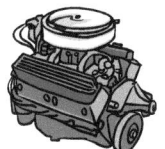

ሞቶር
....
motor

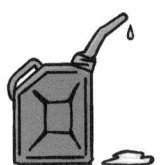

ነዳዲ
....
fuel

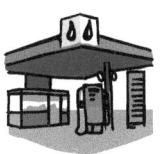

እንዳ ነዳዲ
....
petrol station

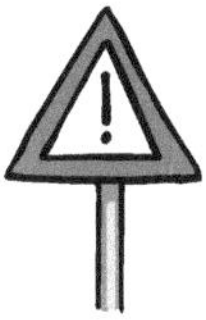

ምልክት ትራፊክ
....
traffic sign

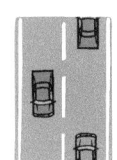

ትራፊክ
....
traffic

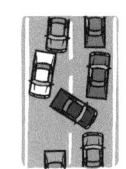

ምጭቕጫቕ ትራፊክ
....
traffic jam

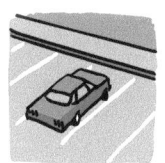

መዐሸጊ መኪና
....
car park

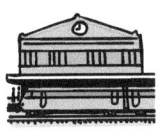

መዕረፊ ባቡር
....
train station

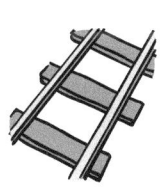

ሓዲግ
....
tracks

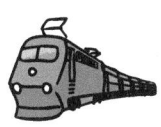

ባቡር
....
train

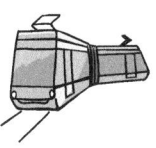

ትረም
....
tram

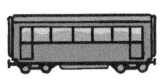

ባጎኒ
....
carriage

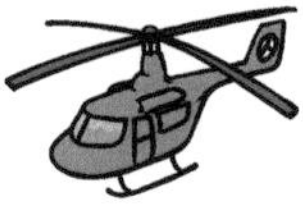

ሄሊኮፕተር

helicopter

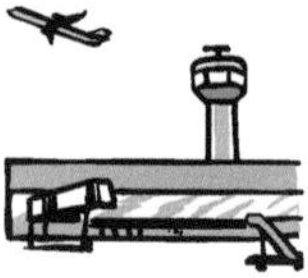

መዓረፎ ነፈርቲ

airport

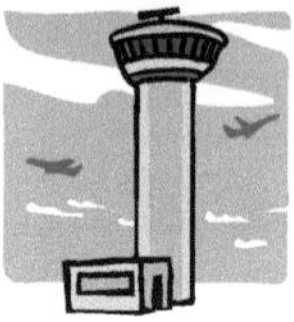

ታወር

tower

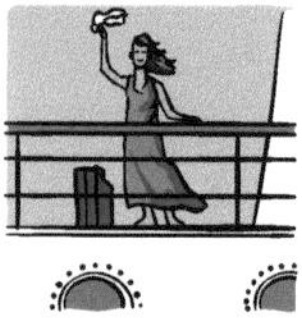

ተጐዓዚ

passenger

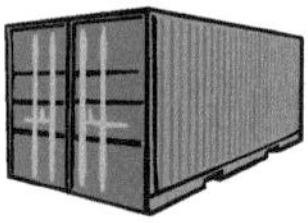

ኮንተይነር

container

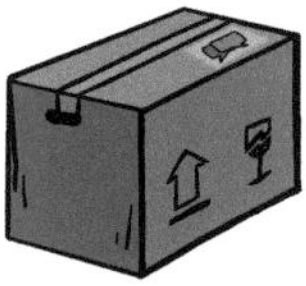

ሳንዱቕ ካርቶን

carton

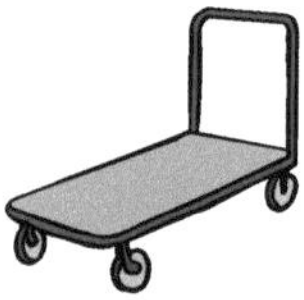

ኮርሳ ጽዕነት

cart

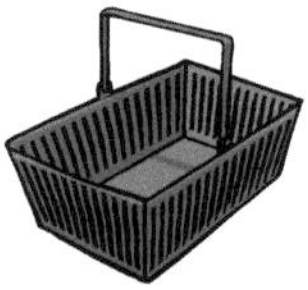

ዘንቢል

basket

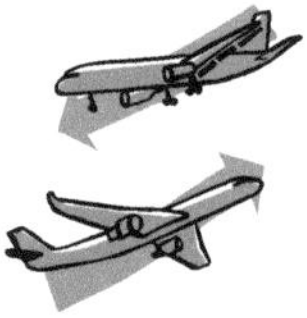

ተበገሰ / ዓለበ

take off / land

ከተማ

city

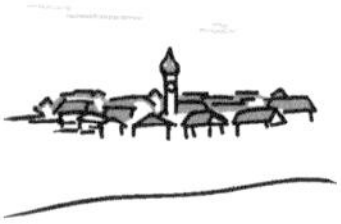

ቍሸት

village

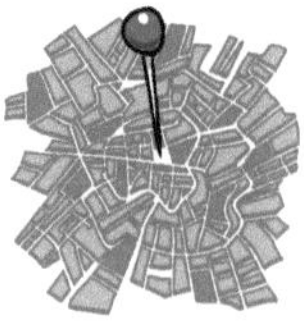

ማእከል ከተማ

city centre

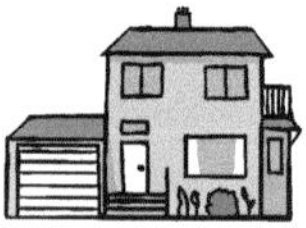

ገዛ

house

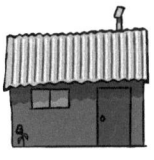

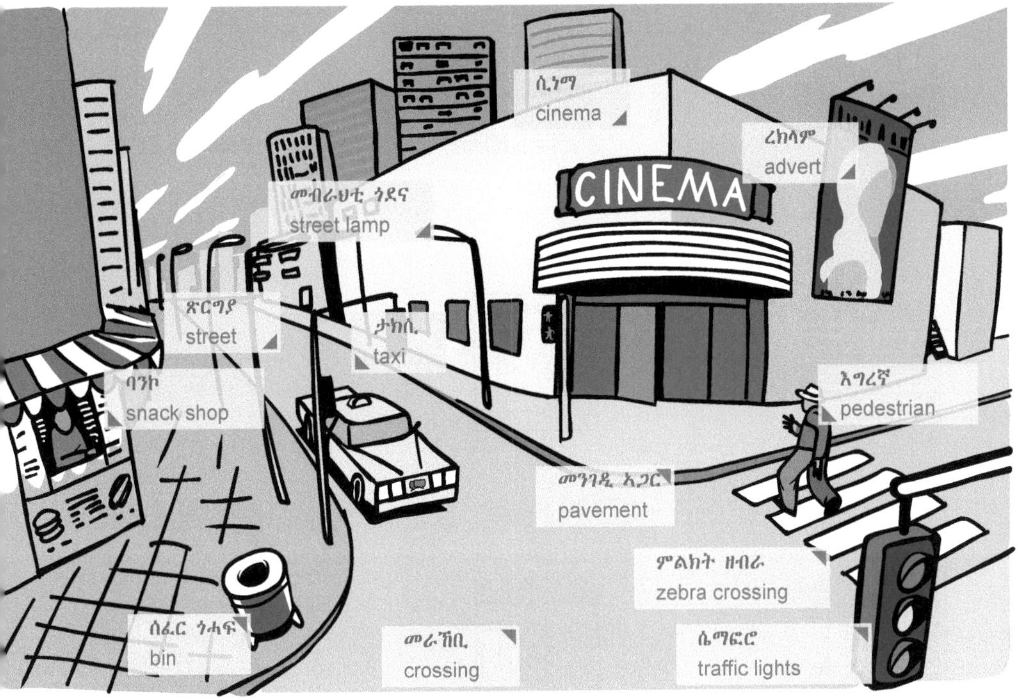
ሲነማ
cinema
CINEMA
ረክላም
advert
መብራህቲ ጎደና
street lamp
ጽርግያ
street
ታክሲ
taxi
ባንኮ
snack shop
እግረኛ
pedestrian
መንገዲ ኣጋር
pavement
ምልክት ዘብራ
zebra crossing
ሰፈር ጎሓፍ
bin
መራኽቢ
crossing
ሴማፎሮ
traffic lights

ኣጕዶ

hut

ኣፓርትመንት

flat

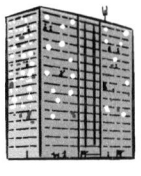

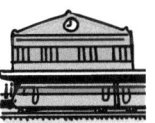

መዕረፊ ባቡር

train station

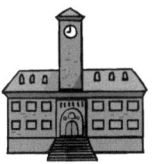

ቤት ምምሕዳር

town hall

MUSEUM

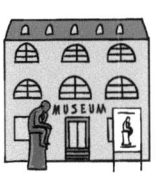

ቤተ መዘክር

museum

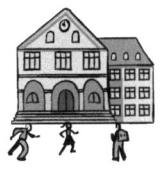

ቤት-ትምህርቲ

school

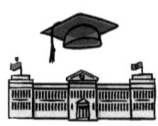

ዩኒቨርሲቲ
....
university

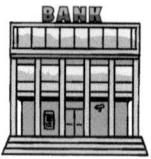

ባንክ
....
bank

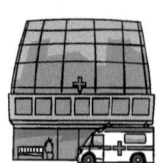

ሆስፒታል
....
hospital

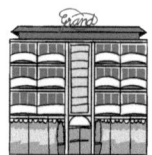

መቐበሊ ኣጋይሽ
....
hotel

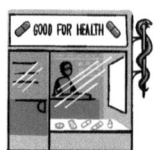

ቤት መድሃኒት
....
pharmacy

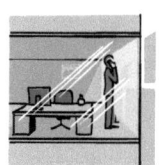

ቤት ጽሕፈት
....
office

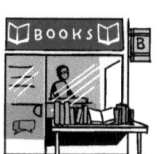

ዱኳን መጽሓፍቲ
....
book shop

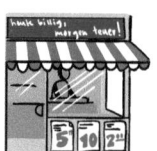

ዱኳን
....
shop

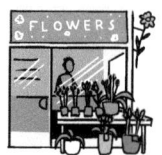

ዱኳን ዕንባባ
....
florist's

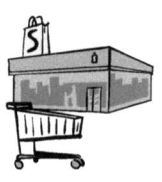

ሱፐርማርኬት
....
supermarket

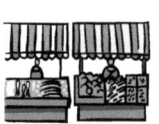

ዕዳጋ
....
market

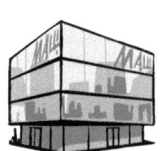

ሹቕ
....
department store

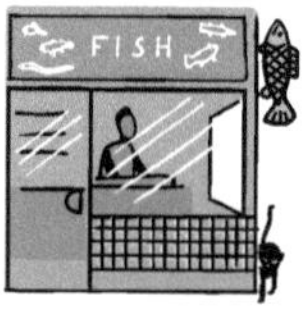

ነጋዳይ ዓሳ
....
fishmonger's

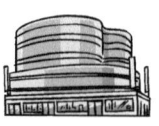

ሹቕ
....
shopping centre

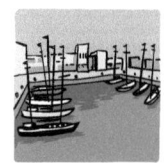

መርሳ
....
harbour

መዘናግዒ

park

ባንኪ

bench

ድልድል

bridge

መደያይቦ

stairs

ባቡር ትሕቲ ምድሪ

underground

ቢንቶ

tunnel

መዕረፊ አውቶቡስ

bus stop

ቤት መስተ

bar

ቤት-መግቢ

restaurant

ሰታሪት

postbox

ታቤላ

street sign

ሰዓት ፓርኪንግ

parking meter

መካነ እንስሳታት

zoo

መሓምበሲ

swimming pool

መስጊድ

mosque

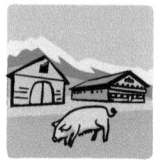

ቤት ሕርሻ

farm

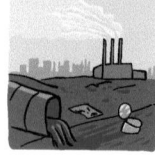

ብከላ

pollution

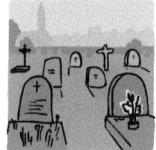

መቓብር

graveyard

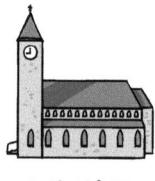

ቤተክርስትያን

church

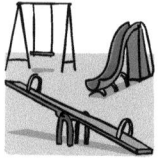

ቦታ ምጽዋት

playground

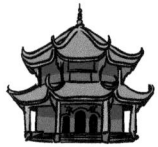

ቤት መቕደስ

temple

ስእሊ መሬት

landscape

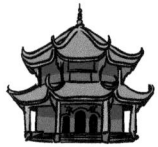

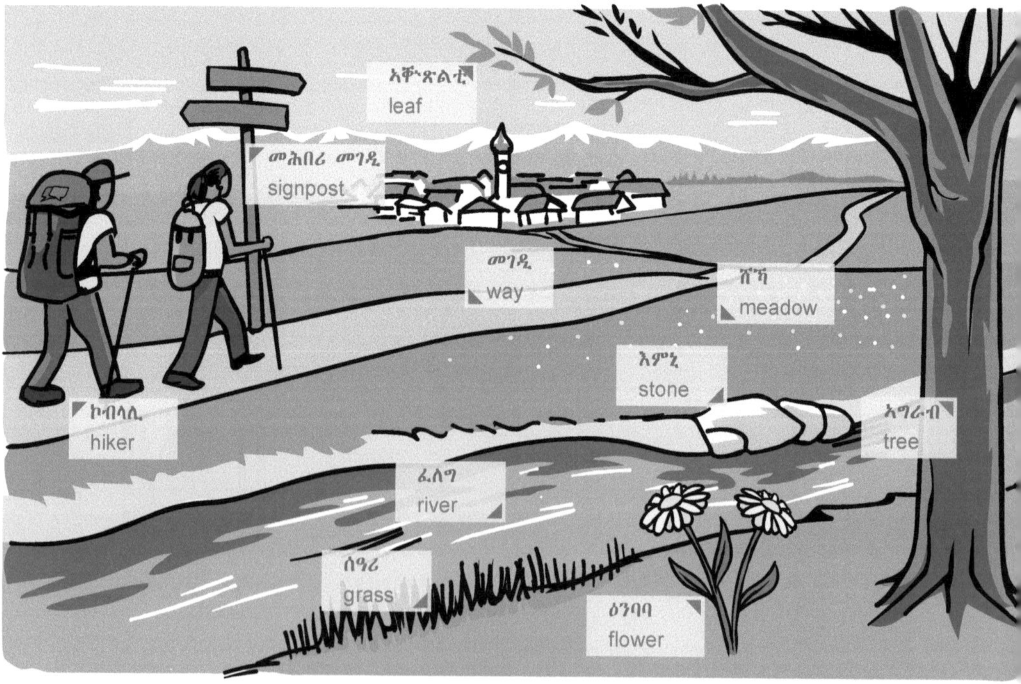

leaf
መሕበሪ መገዲ
signpost
መገዲ
way
ሸኻ
meadow
እምኒ
stone
ኮብላሊ
hiker
ኣግራብ
tree
ፈለግ
river
ሰዓሪ
grass
ዕንባባ
flower

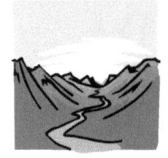

ስንጭሮ

valley

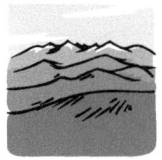

ጎቦ

hill

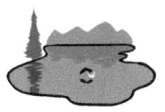

ቀላይ

lake

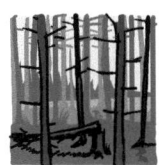

ዱር

forest

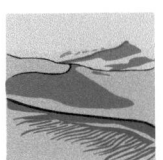

ምድረ በዳ

desert

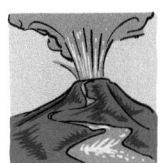

እሳተ-ጎመራ

volcano

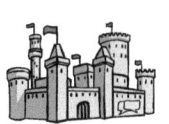

ግምቢ

castle

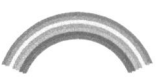

ቀስተ-ደመና

rainbow

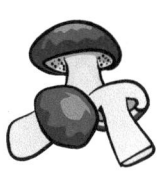

ቃንጥሻ

mushroom

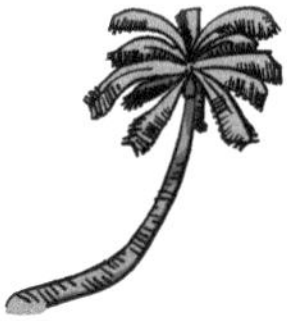

ዓርኮብኮባይ

palm tree

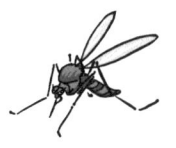

ጣንጡ

mosquito

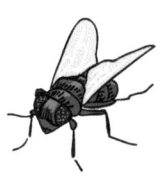

ሃመማ

fly

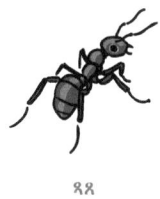

ጻጻ

ant

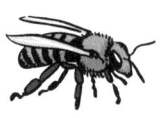

ንህቢ

bee

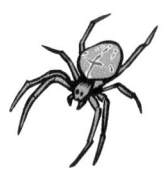

ሳሬት

spider

ሕንዚዝ
....
beetle

ዕንቅርዖብ
....
frog

ምጽጹላይ
....
squirrel

ቅንፍዝ
....
hedgehog

ማንቲለ
....
hare

ጉንጓ
....
owl

ጭሩ
....
bird

ስዋን
....
swan

መፍለስ
....
boar

ዓጋዘን
....
deer

ሙስ
....
moose

ግድብ
....
dam

ተርባይን ንፋስ
....
wind turbine

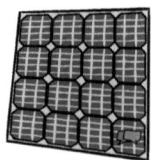

ሶላር ስርሓት
....
solar panel

ኩነታት ኣየር
....
climate

16 ስእሊ መሬት - landscape

waiter
ካርታ
መግብታት
menu
መንበር
chair
soup
ፒትሳ
pizza
ክዳን ጣውላ
tablecloth
መመታተሪ
cutlery

ቅድመ ቀንዲ መግቢ
....
starter

ቀንዲ መኣዲ
....
main course

ድሕረ መግቢ
....
dessert

መስተ
....
drinks

መግቢ
....
food

ጥርሙዝ
....
bottle

ስሉጥ መግቢ

fast food

መግቢ ጽርግያ

street food

ብርጭቆ ሻሂ

teapot

ታኒካ ሽኮር

sugar bowl

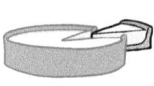

ክፋል

portion

ማሺን ኤስፕረሶ

espresso machine

ነዊሕ መንበር

high chair

ጸብጻብ

bill

ታብለት

tray

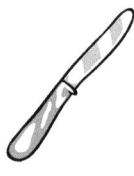

ካራ

knife

ፋርከታ

fork

ማንካ

spoon

ማንካ ሻሂ

teaspoon

ሰርቭየተ

serviette

ብኬሪ

glass

18 ቤት-መግቢ - restaurant

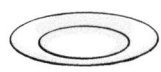

ሸሓኒ

plate

ሸሓኒ መረቕ

soup plate

ትሕቲ ኩባያ

saucer

ጸብሒ

sauce

ወሃቢ ጨው

salt pot

መጥሓን በርበረ

pepper mill

ኣቸቶ

vinegar

ዘይቲ

oil

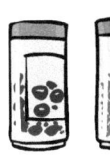

ቀመም

spices

ከቹፕ

ketchup

ኣድሪ

mustard

ማዮኒዝ

mayonnaise

ሱፐርማርክት

supermarket

ወፈያ
special offer
FOR
ዓሚል
customer
ፍርያታት ጸባ
dairy
ፍረታት
fruit
ሰረገላ ዱኳን
trolley

እንዳ ስጋ

butcher´s

እንዳ ባኒ

baker´s

ክብደት

weigh

ኣሕምልቲ

vegetables

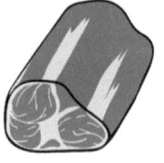

ስጋ

meat

መግቢ ፍሪጅ በረድ

frozen food

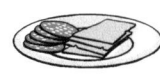

ዝሑል ቅሩብ መግቢ

cold meat

እስቃጥላ

tinned food

ኦሞ

washing powder

ምቁር መግቢ

sweets

ዘቤታውያን ኣቕሑ

household products

ናውቲ መጸረዩ

cleaning products

ሽቃጣይ

salesperson

ካሳ

till

ተሓዝ ገንዘብ

cashier

ዝርዝር ምግዛእ

shopping list

ክፉት ሰዓታት

opening hours

ማሕፉዳ

wallet

ክረዲት ካርድ

credit card

ሳንጣ

bag

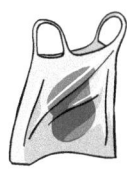

ፌስታል

plastic bag

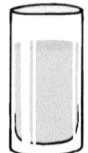

መስተ

drinks

ማይ

....

water

ጽማቕ

....

juice

ጸባ

....

milk

ኮላ

....

coke

ነቢት

....

wine

ቢራ

....

beer

ኣልኮል

....

alcohol

ካካው

....

cocoa

ሻሂ

....

tea

ቡን

....

coffee

ኤስፕረሶ

....

espresso

ካፑቺኖ

....

cappuccino

ባናና

banana

ቱፋሕ

apple

ኣራንሺ

orange

ብርጭቕ

melon

ለሚን

lemon

ካሮት

carrot

ጻዕዳ ሽጉርቲ

garlic

ባምቡስ

bamboo

ሽጉርቲ

onion

ቅንጥሻ

mushroom

ፉል

nuts

ፓስታ

noodles

ስፓገቲ

spaghetti

ሩዝ

rice

ሰላጣ

salad

ቅልዋ ድንሽ

chips

ቅሉው ድንሽ

fried potatoes

ፒትሳ

pizza

ሃምቡርገር

hamburger

ፓኒኖ

sandwich

ቢስተካ

cutlet

ሰለፍ ሓሰማ

ham

ሳላሚ

salami

ግዕዝም

sausage

ደርሆ

chicken

ቀለወ

roast

ዓሳ

fish

ገዓት

porridge oats

ሙስሊ

muesli

ኮርንፍለይክስ

cornflakes

ሓርጭ

flour

ክሮሶን

croissant

ባኒ

bread roll

ባኒ

bread

ቶስት

toast

ብሽኮቲ

biscuits

ጠስሚ

butter

ርግኦ

curd

ፓስተ

cake

እንቋቑሖ

egg

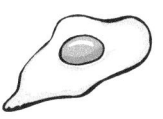

ቅሉው እንቋቑሖ

fried egg

ፋርማጆ

cheese

አይስ ክሪም	ሽኮር	መዓር
ice cream	sugar	honey

ጅም	ኑጋት-ክረም	ኩሪ
jam	chocolate spread	curry

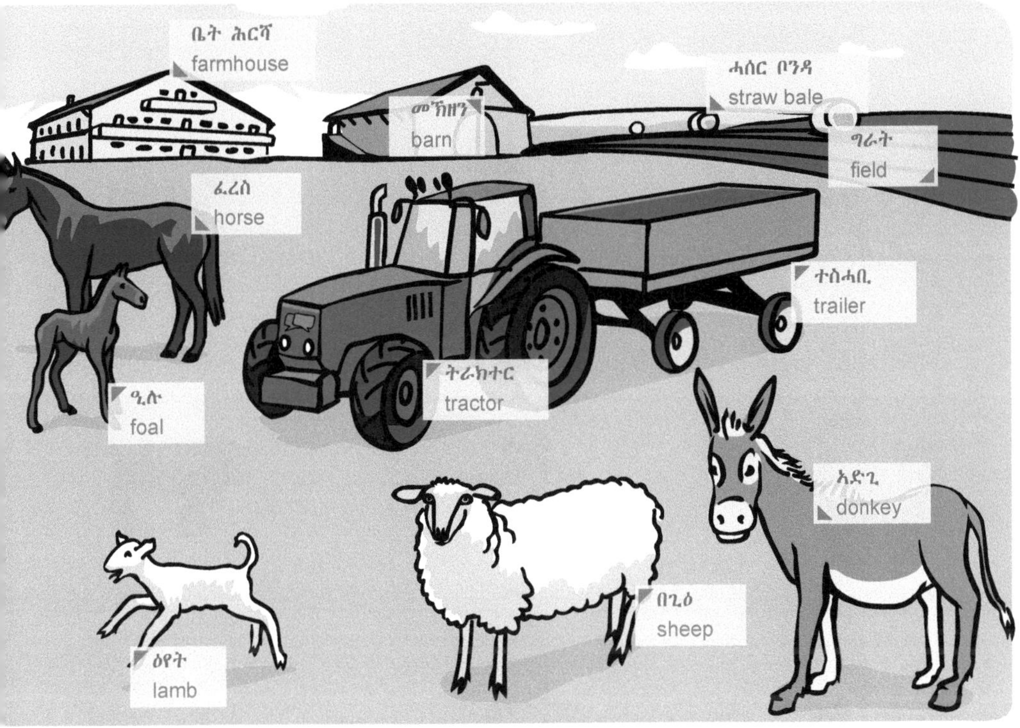

ቤት ሕርሻ
farm

farmhouse
መኽዘን
barn
ሓሰር ቦንዳ
straw bale
ግራት
field
ፈረስ
horse
ተስሓቢ
trailer
ትራክተር
tractor
foal
donkey

ጤል
....
goat

ብዕራይ
....
cow

ምራኽ
....
calf

ሓሰማ
....
pig

ውላድ ሓሰማ
....
piglet

ኣርሓ
....
bull

ዓዓ

goose

ማይ ደርሆ

duck

ጫቑት

chick

ደርሆ

hen

ኣርሓ ደርሆ

cock

ኣንጨዋ ዓባይ

rat

ድሙ

cat

ኣንጭዋ

mouse

ብዕራይ

ox

ከልቢ

dog

ኣጕዶ ከልቢ

doghouse

ቱባ ጀርዲን

garden hose

መዝፈፊ ማይ

watering can

ዓቢ ማዕጺድ

scythe

ማሕረሻ

plough

ማዕጺድ

....

sickle

ጭኽሮ

....

hoe

መስአ

....

pitchfork

ፋስ

....

axe

ዓረብያ ኢድ

....

wheelbarrow

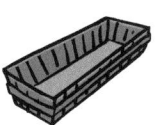

ጋብላ

....

trough

ብርጭቆ ጻባ

....

milk can

ከሻ

....

sack

ሓጹር

....

fence

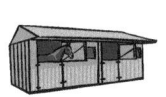

መንሰስ

....

stable

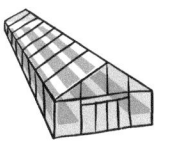

ቆጠልያ ገዛ

....

greenhouse

ባይታ

....

soil

ዘርኢ

....

seed

ድኹዒ

....

fertilizer

ዘጣምር ቀውዓይ

....

combine harvester

ቀውዕ

harvest

ጻማ

harvest

ድንሽ ያም

yams

ስርናይ

wheat

ሶያ

soy

ድንሽ

potato

ዕፉን

corn

ራፕስ

rapeseed

ገረብ ፍረታት

fruit tree

ማኒኦክ

cassava

ኣእኻል

cereals

house

chimney
ናሕሲ
roof
መውሓዝ ዝናብ
drainpipe
መስኮት
window
ጋራጅ
garage
ጭር መበሊት
doorbell
ማዕጾ
door
ጎሓፍ መገለል
rubbish bin
ቦክስ ደብዳበ
letterbox
ጀርዲን
garden

ክፍሊ ምቕማጥ
....
living room

ክፍሊ ባንዮ
....
bathroom

ክሽነ
....
kitchen

ክፍሊ መደቀሲ
....
bedroom

ክፍሊ ቆልዑ
....
child's room

መመገቢ ክፍሊ
....
dining room

ገዛ - house

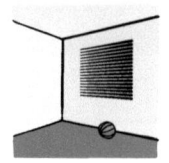

ባይታ

floor

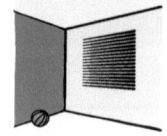

መንደቕ

wall

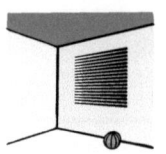

ከቦርታ

ceiling

ካንቲና

cellar

ሳውና

sauna

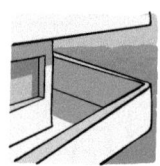

ባልኮን

balcony

ዛላ

terrace

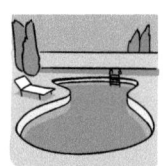

መሕምበሲ

pool

መቑረጺ ሳዕሪ

lawn mower

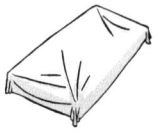

ኣንሶላ ዓራት

sheet

ከቦርታ ዓራት

bedspread

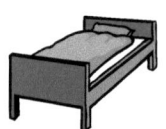

ዓራት

bed

መኾስተር

broom

መገለል

bucket

መወልዒት

switch

ክፍሊ ምቕማጥ
living room

ወረቐት መንደቕ
wallpaper
ስእሊ
picture
ላምፓ
lamp
shelf
cupboard
ተለቪዥን
television
መውጽኢ ትኪ ኣብ ገዛ
fireplace
ዕንባባ
flower
መተርኣስ
cushion
ሳሎን
sofa
vase
ሪሞት
remote control

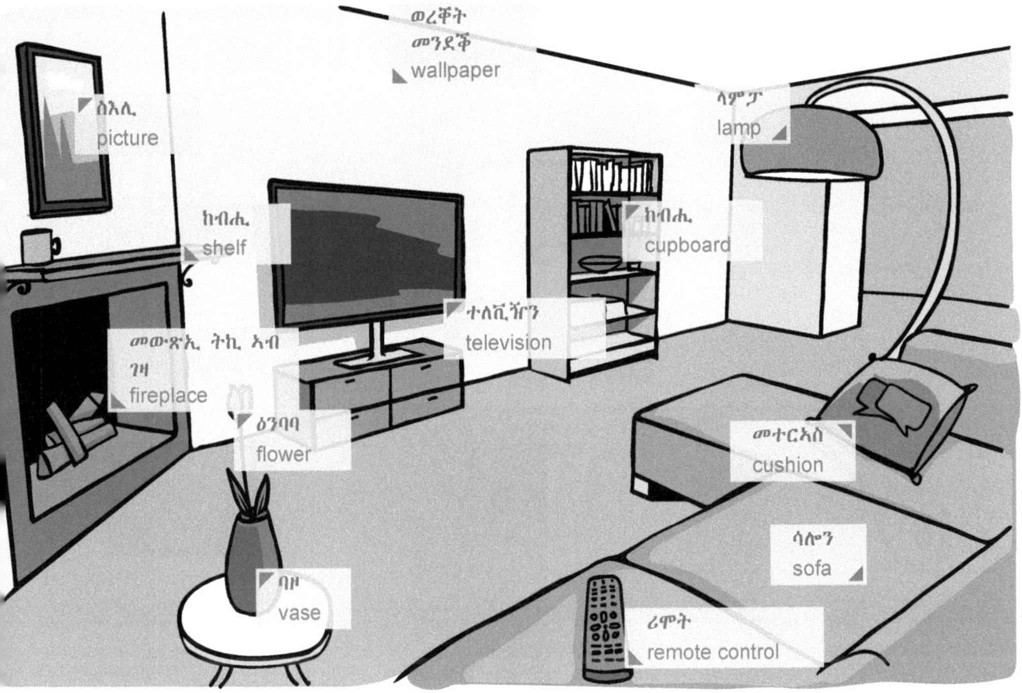

መንጸፍ

carpet

መጋረጃ

curtain

ጣውላ

table

መንበር

chair

ሰለል ዝብል መንበር

rocking chair

መንበር ምቹእ

armchair

መጽሓፍ

book

ከቦርታ

blanket

ስልማት

decoration

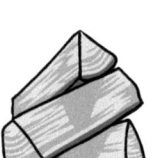

እንጨይቲ ሓዊ

firewood

ፊልም

film

ስተረዮ

hi-fi equipment

መፍትሕ

key

ጋዜጣ

newspaper

ቕብኣ

painting

ፖስተር

poster

ረድዮ

radio

ጥራዝ

notepad

መልገሲ ደሮና

hoover

በለስ

cactus

ሽምዓ

candle

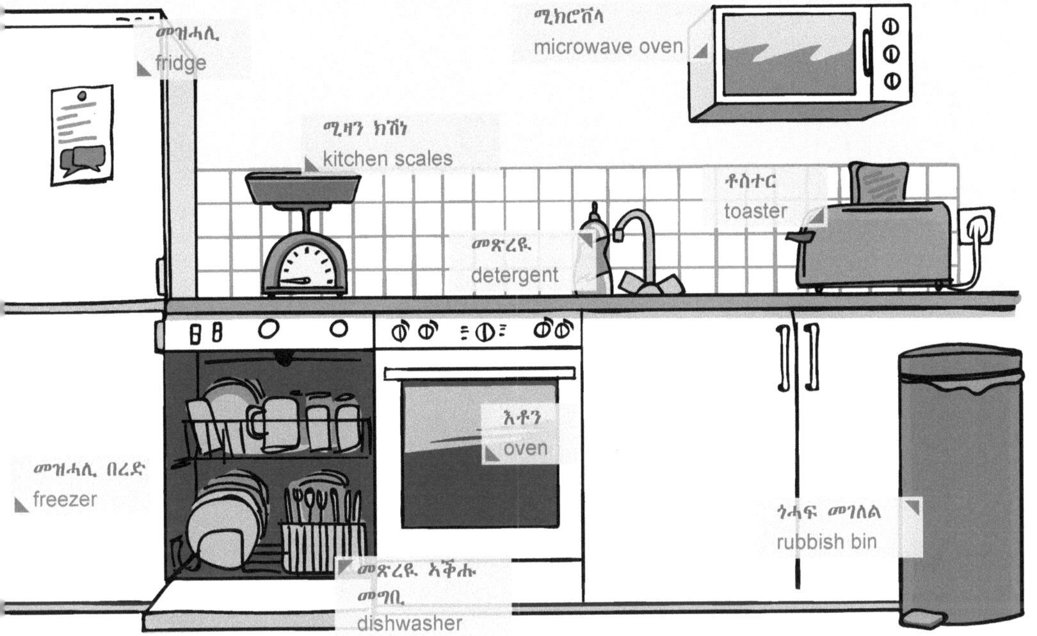

መዝሓሊ
fridge
microwave oven
ሚዛን ክሽነ
kitchen scales
ቶስተር
toaster
መጽረዪ
detergent
እቶን
oven
መዝሓሊ በረድ
freezer
ጎሓፍ መገለል
rubbish bin
መጽረዪ ኣቕሑ መግቢ
dishwasher

መኽሸኒ
....
cooker

ድስቲ
....
pot

ድስቲ ሓጺን
....
cast-iron pot

ቮክ/ካዳይ
....
wok / kadai

ባደላ
....
pan

መውዓዪ ማይ
....
kettle

ክሽነ - kitchen 35

መፍልሒ

steamer

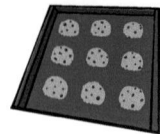

ጓንቴራ ምስንካት

baking tray

ኣቕሑ መግቢ

crockery

ብርጭቆ

mug

ጭሖሎ

bowl

ማንካቺና

chopsticks

ማንካ መረቕ

ladle

መገልበጢ ባደላ

spatula

መኾስተር ውርጪ

whisk

መንፊት መግቢ

strainer

መንፊት

sieve

መፋሕፍሒ

grater

ሞርታር

mortar

ባርቢክዩ

barbecue

ስፍራ ሓዊ

open fire

እንጨይቲ ምምታር

....

chopping board

እንጨይቲ ኰረር

....

rolling pin

መኽፈት ቡሽ

....

corkscrew

ታኒካ

....

can

መኽፈቲ ታኒካ

....

can opener

ጨርቂ ድስቲ

....

pot holder

ቡምባ

....

sink

ኣስባስላ

....

brush

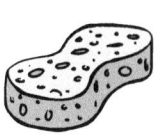

ሰፍነግ

....

sponge

ሓዋሲ ኣደባላቒ

....

blender

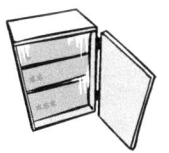

መዝሓሊ በረድ

....

deep freezer

ጥርሙዝ ማማይ

....

baby bottle

ቡምባ ማይ

....

tap

ክፍሊ ባንዮ

bathroom

መውዓዪ
heating

ሽንግሞ
towel

መሕጸቢ ዓፍራ
bubble bath

ባንዮ መሕጸቢ
bathtub

ሓጸቢት
washing machine

ድስቲ
potty

ማቶኔላ
tiles

መሕጸቢ ሻወር
shower

ሻወር መጋረጃ
shower curtain

ብኬሪ
glass

ቡምባ ማይ
tap

ቡምባ
sink

ሽቓቕ
toilet

ሽቓቕ ኮፍ
squat toilet

በዱ
bidet

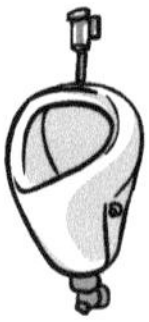

ሽቓቕ ተባዕታይ
urinal

ወረቐት ሽቓቕ
toilet paper

ኣስባስላ ሽቓቕ
toilet brush

ኣስባስላ ስኒ

toothbrush

ክረማ ስኒ

toothpaste

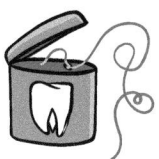

ሃሪ ስኒ

dental floss

ሓጸበ

wash

ዱሽ ኢድ

handheld shower

ዱሽ

douche

ብርጭቆ ምሕጻብ

basin

ኣስባስላ ሕቖ

back brush

ሳምና

soap

ሻወር ጀል

shower gel

ሻምፑ

shampoo

ጨርቂ መሕጸቢ

flannel

መውሓዚ

drain

ክረማ

cream

ደዮ ጨና

deodorant

መስትያት

mirror

ናይ ኢድ መስትያት

hand mirror

መላጸ

razor

ዓፍራ ምልጻይ

shaving foam

ጨና ድሕሪ ምልጻይ

aftershave

መመሸጥ

comb

ኣስባስላ

brush

መንቐጺ ጸጉሪ

hair dryer

ስፕረይ ጸጉሪ

hairspray

መመላኽዒ

makeup

ብርዒ ቀለም ከንፈር

lipstick

ኣዝማልቶ

nail varnish

ጸምሪ ጡጥ

cotton wool

መስደዲ ጽፍሪ

nail scissors

ጨና

perfume

ሳንጣ መሕጸቢ

washbag

ድኳ

stool

ሚዛን

weighing scale

ክዳን መሕጸቢ

bathrobe

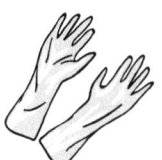

ጓንቲ መጸረዪ

rubber gloves

ታምፖን

tampon

ጨርቂ ሰበይቲ

sanitary towel

ሽቓቕ ከሚስትሪ

chemical toilet

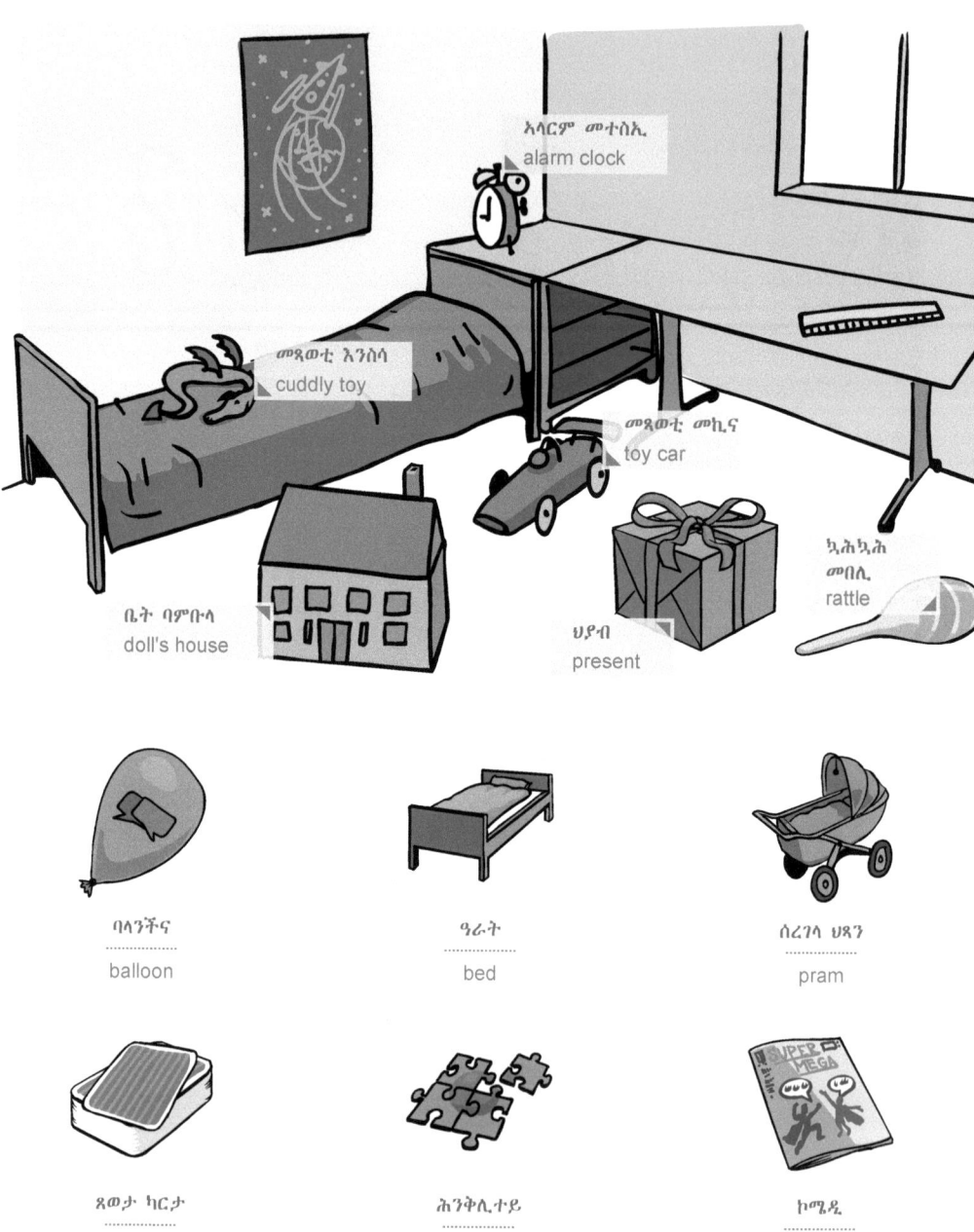

ክፍሊ ቆልዑ

child's room

ኣላርም መተስኢ
alarm clock
መጻወቲ እንስሳ
cuddly toy
መጻወቲ መኪና
toy car
ኳሕኳሕ
መበሊ
rattle
ቤት ባምቡላ
doll's house
ህያብ
present

ባላንችና

balloon

ዓራት

bed

ሰረገላ ህጻን

pram

ጸወታ ካርታ

deck of cards

ሕንቅሊተይ

jigsaw

ኮሜዲ

comic

እምንታት መጻወቲ ለጎ

lego bricks

መጻወቲ እምንታት

building blocks

በዓል ኣክቸን

action figure

ክዳን ማማይ

babygrow

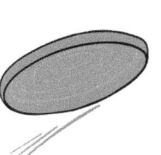

ፍሪስቢ

frisbee

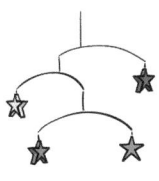

ሞባይል ማማይ

mobile

ጸወታ ሰሌዳ

board game

ኩቦ

dice

ሞደል ባቡር ምድሪ

model train set

ዓባስ

dummy

ፓርቲ

party

መጽሓፍ ስእሊ

picture book

ኩዕሶ

ball

ባምቡላ

doll

ተጻወተ

play

መጻወቲ ሑጻ

sandpit

ሰላል

swing

መጻወቲታት

toys

ኮንሶል ቪድዮ

video game console

መጻወቲ ሰለስተ መንኮርኮር

tricycle

ተዲ

teddy bear

ክብሒ ክዳን

wardrobe

ክዳን

clothing

ካልሲታት

socks

ነዊሕ ካልሲታት

stockings

ስረ ካልሲ

tights

ሻርባ
scarf
ቁልፊ
belt
ጽላል
umbrella
ማልያ
t-shirt
ስኒከርስ
trainers
ረፋዕ
boots
ጫማ ገዛ
slippers

ሸበጥ

sandals

ጫማ

shoes

ረፋዕ ጎማ

rubber boots

ሙታንታ

underpants

ክዳን ጡብ

bra

ትሕተ ካሚቻ

vest

ቦዲ

body

ስረ

trousers

ጂንስ

jeans

ቀምሽ

skirt

ካምቻ

blouse

ካሚቻ

shirt

ጉልፎ

pullover

ጎልፎ

hoodie

ጃኬት

blazer

ጃከት

jacket

ጁባ

coat

ክዳን ዝናብ

raincoat

ኮስቱም

costume

ቀምሽ

dress

ቀምሽ መርዓ

wedding dress

ልብሲ

suit

ካሚቻ ለይቲ

nightgown

ክዳን ለይቲ

pyjamas

ሳሪ

sari

መሃረብ ርእሲ

headscarf

ቱርባን

turban

ቡርካ

burqa

ካፍታን

kaftan

ኣባያ

abaya

ክዳን መሕምበሲ

swimsuit

ስረ መሕምበሲ

trunks

ሓጺር ስረ

shorts

ክዳን ታዕሊም

tracksuit

በጃ ክዳን

apron

ጓንቲ

gloves

መልጎም

button

መነጽር

glasses

በንናጅር

bracelet

ማዕተብ

necklace

ቀለበት

ring

ኩትሻ

earring

ቆብዕ

cap

መንበሪ ጁባ

coat hanger

ባርነጣ

hat

ካርራቫት

tie

ሻርነጣ

zip

ሀልመት

helmet

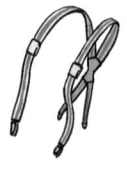

መድልደል ስረ

braces

ድቢዛ ቤትትምህርቲ

school uniform

ድቢዛ

uniform

ሰደርያ ቆልዓ

bib

ዓባስ

dummy

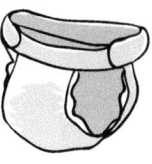

ጨርቂ ማማይ

nappy

ቤት ጽሕፈት
office

ሰርቨር
server
ከብሒ ሰነድ
filing cabinet
ወረቐት
paper
ፕሪንተር
printer
ሞኒቶር
monitor
mouse
ጣውላ ምጽሓፍ
desk
folder
ኪቦርድ
keyboard
ኀሓፍ ወረቐት
waste-paper basket
ኮምፒተር
computer
መንበር
chair

ብርጭቆ ቡን

coffee mug

ካልኩለተር

calculator

ኢንተርነት

internet

ለፕቶፕ

laptop

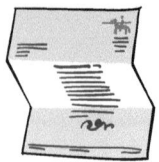

ደብዳበ

letter

መልእኽቲ

message

ሞባይል

mobile

ነትወርክ/መርበብ

network

መቅድሒ ፎቶኮፒ

photocopier

ሶፍትዌር

software

ተለፎን

telephone

ሶከት ኳረንቲ

plug socket

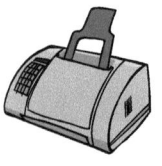

ፋክስ

fax machine

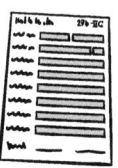

ፎርም

form

ሰነድ

document

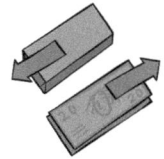

ገዝአ

buy

ከፈለ

pay

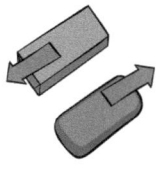

ንግዲ

trade

ገንዘብ

money

ዶላር

dollar

ኦይሮ

euro

የን

yen

ሩብል

rouble

ስዊዝ ፍራንክን

Swiss franc

ረንሚንቢ ዩዋን

renminbi yuan

ሩፒየ

rupee

መውጽኢ ማሺን ገንዘብ

cashpoint

ቦታ ቅያር ገንዘብ

....

bureau de change

ወርቂ

....

gold

ብሩር

....

silver

ዘይቲ

....

oil

ሓይሊ

....

energy

ዋጋ

....

price

ውዕል

....

contract

ቀረጽ

....

tax

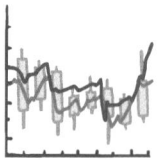

እኩብ ጥረ-ነገራት

....

stock

ስርሒ

....

work

ሰራሕተኛ

....

employee

ኣስራሒ

....

employer

ትካል

....

factory

ዱኳን

....

shop

ሞያታት
occupations

በዓል ፖሊስ
police officer
fireman
cook
ሓኪም
doctor
መራሒ ነፋሪት
pilot

ሰራሕተኛ ጀርዲን

gardener

ጸራቢ ዕንጸይቲ

carpenter

ሰፋይት

seamstress

ፈራዳይ

judge

ቀማሚ

chemist

ተዋሳኢ

actor

መራሒ ኣዉቶቡስ

bus driver

ኣውቲስታ ታክሲ

taxi driver

ገፋፊ ዓሳ

fisherman

ጸራጊት

cleaning lady

ሃናጻይ ናሕሲ

roofer

ኣሰላፊ

waiter

ሃዳናይ

hunter

ሰኣላይ

painter

እንዳ ሕብስቲ

baker

ኤለትሪክኛ

electrician

ሃናጺ ኣባይቲ

builder

ሃንዳሲ

engineer

ሰራሕተኛ እንዳ ስጋ

butcher

ድራብሊኮ

plumber

ኣማላላሲ ፖስጣ

postman

54 ሞያታት - occupations

ወተሃደር

soldier

መሃንድስ

architect

ተሓዝ ገንዘብ

cashier

ሰራሕተኛ ዕምባባ

florist

ቀምቃማይ

hairdresser

ፈተሪኖ

conductor

መካኒክ

mechanic

መራሒ መርከብ

captain

ሓኪም ስኒ

dentist

ተመራማሪ

scientist

ራቢ

rabbi

ኢማም

imam

ፈላሲ

monk

ቀሺ

clergyman

ናውቲ

tools

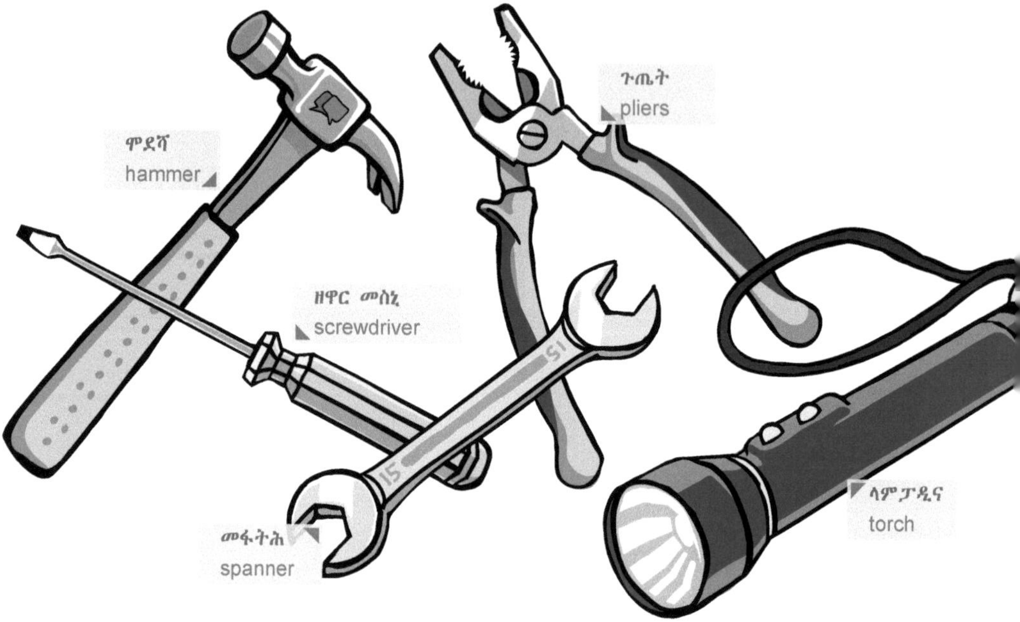

ሞደሻ
hammer
ጉጤት
pliers
ዘዋር መስኒ
screwdriver
spanner
ላምፓዲና
torch

ፈሓሪ

digger

ናውቲ ቦክስ

toolbox

መደያይቦ

ladder

መጋዝ

saw

መስማር

nails

ኩዓቲ

drill

ምዕራይ
repair

ባደላ
shovel

አይ!
Damn!

መትሓዚ ዶሮና
dustpan

ድስቲ ቀለም
paint pot

ካቻቢተ
screws

መሳርሒ ሙዚቃ
musical instruments

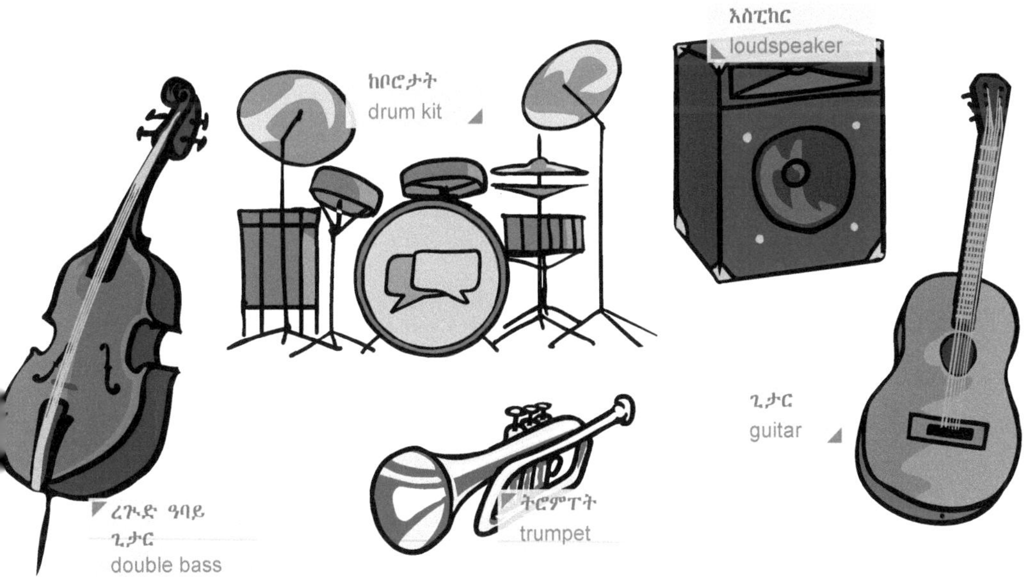

ከበሮታት
drum kit

እስፒከር
loudspeaker

ጊታር
guitar

ረጉድ ዓባይ
ጊታር
double bass

ትሮምፐት
trumpet

ፒያኖ

piano

ቪዮሊን

violin

ባስ ጊታር

bass

ቲምንኢ

timpani

ከቦሮ

drums

ኦርጋን

keyboard

ሳክሶፎን

saxophone

ሻምብቆ

flute

ሚክሮፎን

microphone

መካነ እንስሳታት

ZOO

ነብሪ
tiger
entrance
ጎብያ
cage
አድጊ በረኻ
zebra
መግቢ እንስሳ
animal feed
ፓንዳ
panda

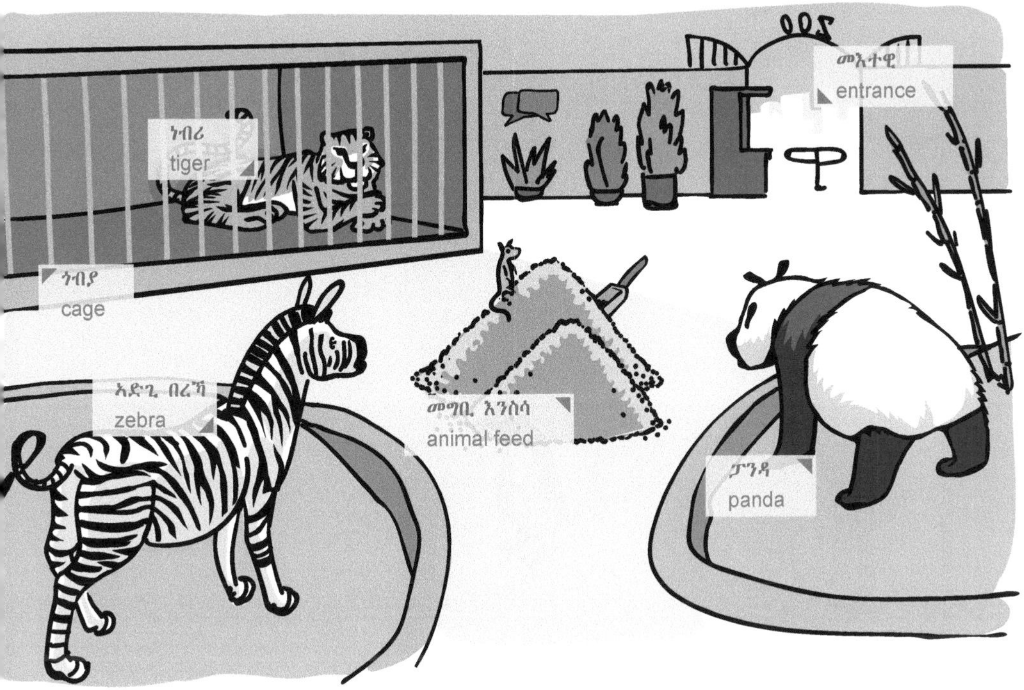

እንስሳታት

animals

ሓርማዝ

elephant

ካንጋሩ

kangaroo

ሓሪሽ

rhino

ጉሪላ

gorilla

ድቢ

bear

ገመል

camel

ሰገን

ostrich

አንበሳ

lion

ህበይ

monkey

ፍላሚንጎ

flamingo

ሕንጻይ

parrot

ድቢ በረድ

polar bear

ፐንጉን

penguin

ከልቢ ዓሳ

shark

ጣውስ

peacock

ተመን

snake

ሓርገጽ

crocodile

ሓላዊ ቤት ገርድሽ

zookeeper

ዓሳ ዚምገብ እንስሳ ባሕሪ

seal

ጃጓር

jaguar

ሓጺር ፈረስ

pony

ነብሪ

leopard

ጉማረ

hippo

ጂራፍ

giraffe

ሊላ

eagle

መፍለስ

boar

ዓሳ

fish

ጎብየ

turtle

ዋልሩስ

walrus

ወኻርያ

fox

ሰሰሓ

gazelle

ስፖርት
sports

ናይ ኣሜሪካ ኩዕሶ እግሪ
American football
ምዝዋር ብሽግለታ
cycling
ተኒስ
tennis
ባስከትባል
basketball
ምሕምባስ
swimming
ቦክሲንግ
boxing
ሆኪ በረድ
ice hockey

ኩዕሶ እግሪ

football

ባድሚንቶን

badminton

እስፖርታዊ ንጥፈታት

athletics

ኩዕሶ ኢድ

handball

ስኪ

skiing

ፖሎ

polo

ሰሓቕ
laugh

ነጠረ
jump

ሓቖፈ
hug

ከደ
walk

ደረፈ
sing

ሓለመ
dream

ጸለየ
pray

ሰዓመ
kiss

ጸሓፈ

write

ሰኣለ

draw

ኣርኣየ

show

ደፍአ

push

ሃበ

give

ወሰደ

take

ኣለወ

have

ገበረ

do

ኮነ

be

ጠጠው በለ

stand

ጎየየ

run

ሰሓበ

pull

ሰንደወ

throw

ወደቐ

fall

ሓሰወ

lie

ተጸበየ

wait

ሰከም

carry

ኮፍ በለ

sit

ተኸድነ

get dressed

ደቀሰ

sleep

ተስአ

wake up

ረኣየ

look at

በኸየ

cry

ብኣጻብዑ ደረዘ

stroke

መሸጠ

comb

ተዛረበ

talk

ተረድአ

understand

ሓተተ

ask

ሰምዐ

listen

ሰተየ

drink

በልዐ

eat

ኣቐመጠ

tidy up

ኣፍቀረ

love

ከሸነ

cook

ዘወረ

drive

ነፈረ

fly

ብመርከብ ገየሸ

....

sail

ደመረ

....

calculate

ኣንበበ

....

read

ተመሃረ

....

learn

ሰርሐ

....

work

መርዓወ

....

marry

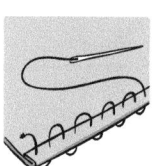

ሰፈየ

....

sew

ጽሬት ኣስናን

....

brush teeth

ቀተለ

....

kill

ሽጋራ ተከኸ

....

smoke

ሰደደ

....

send

ስድራቤት
family

ዓባየ
grandmother
አቦሓጎ
grandfather
አቦ
father
mother
ማማይ
baby
ጓል
daughter
ወዲ
son

ጋሻ
....
guest

ሓትኖ
....
aunt

ኣኮ
....
uncle

ሓው
....
brother

ሓፍቲ
....
sister

አካላት

body

ግንባር
forehead

ዓይኒ
eye

ገጽ
face

መንከስ
chin

አፍ-ልቢ
breast

መንኩብ
shoulder

ኣጻብዕ
finger

ኢድ
hand

ሽፋን እግሪ
leg

ምናት
arm

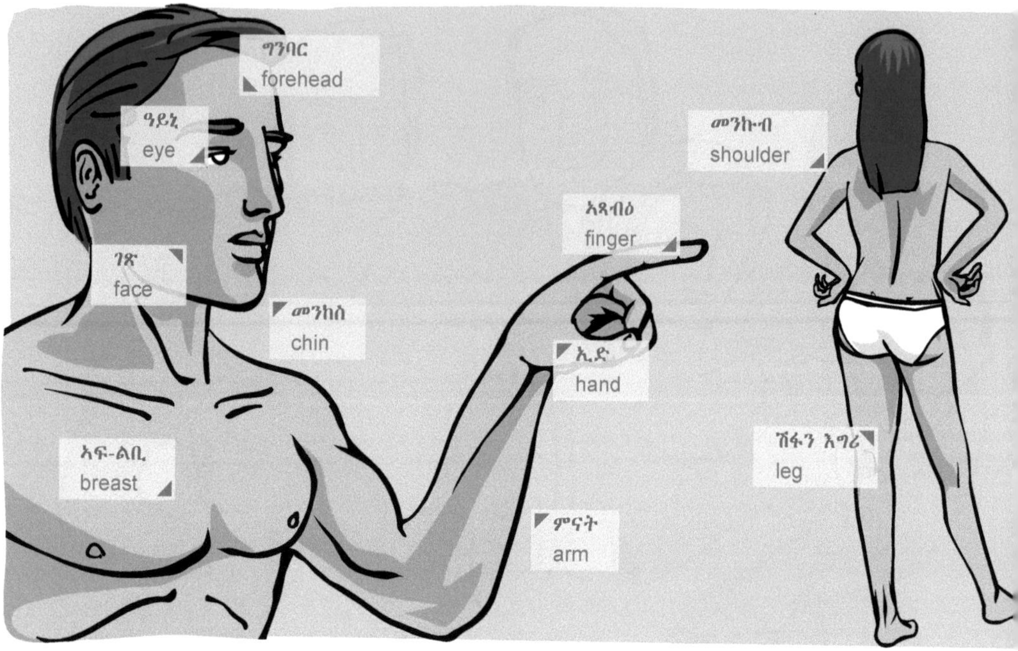

ማማይ
baby

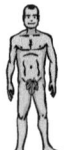

ሰብኣይ
man

ሰበይቲ
woman

ጓል
girl

ወዲ
boy

ርእሲ
head

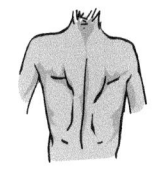

ሕቖ

back

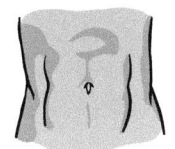

ከስዐ

belly

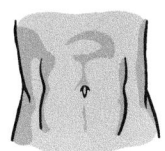

ሕምብርቲ

belly button

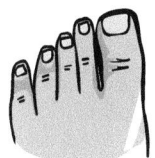

ኣጻብዕ እግሪ

toe

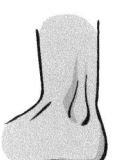

ኩርኾረ

heel

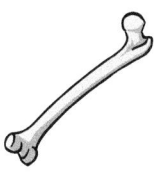

ዓጽሚ

bone

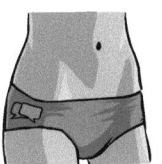

ምሕኵልቲ

hip

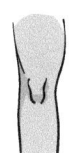

ብርኪ

knee

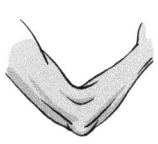

ፎግፎጕ

elbow

ኣፍንጫ

nose

መዓኮር

bottom

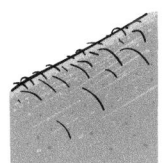

ቆርበት

skin

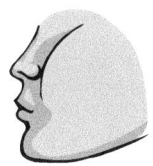

ምዕጉርቲ

cheek

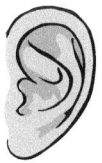

እዝኒ

ear

ከንፈር

lip

አፍ

mouth

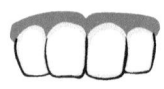

ስኒ

tooth

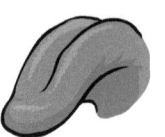

መልሓስ

tongue

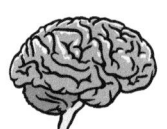

ሓንጎል

brain

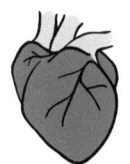

ልቢ

heart

ጭዋዳ

muscle

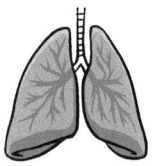

ሳንቡእ

lung

ጸላም ከብዲ

liver

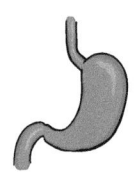

ከብዲ

stomach

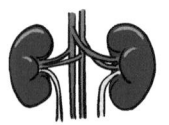

ኩሊት

kidneys

ግብረ ስጋ

sex

ኮንዶም

condom

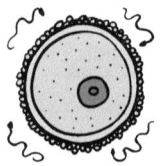

እንቋቑሖ

ovum

ዘርኢ ተባዕታይ

semen

ጥንሲ

pregnancy

70 ኣካላት - body

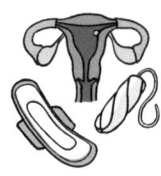

ጽግያት

menstruation

ርሕሚ

vagina

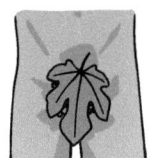

መትሎ

penis

ሸፋሽፍቲ

eyebrow

ጸጉሪ

hair

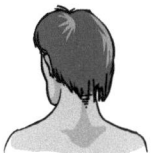

ክሳድ

neck

ሆስፒታል

hospital

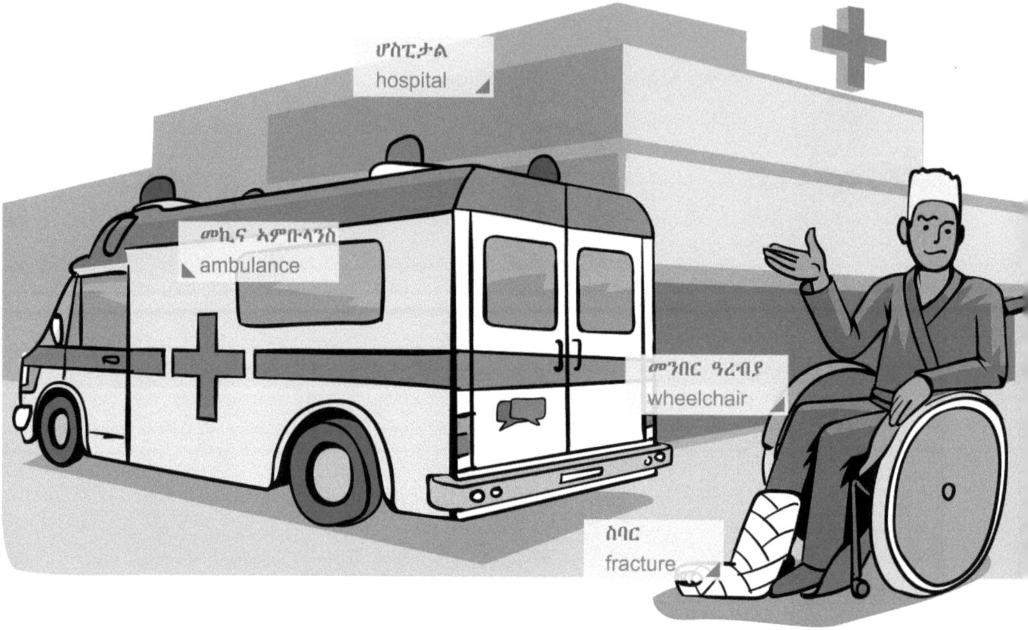

መኪና ኣምቡላንስ
ambulance
መንበር ዓረብያ
wheelchair
ስባር
fracture

ሓኪም

doctor

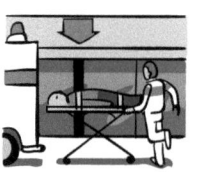

ክፍሊ ህጹጽ ረድኤት

emergency room

ኣላይት

nurse

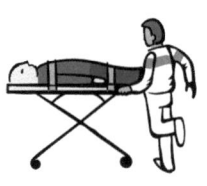

ህጹጽ ኩነት

emergency

ውነኡ ዘጥፍአ

unconscious

ቃንዛ

pain

ጉድኣት

injury

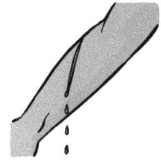

ደም

bleeding

ማህረምቲ

heart attack

ማህረምቲ

stroke

ኣለርጂ

allergy

ሰዓል

cough

ረስኒ

fever

ኢንፍልወንዛ

flu

ውጽኣት

diarrhoea

ቃንዛ ርእሲ

headache

መንሽሮ

cancer

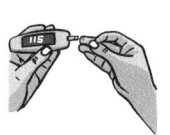

ሹኮርያ

diabetes

ሓኪም መጥባሕቲ

surgeon

መጥብሒ

scalpel

መጥባሕቲ

operation

CT

CT

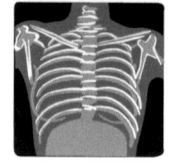

ራጂ

x-ray

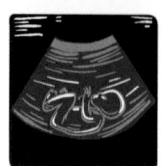

ልዕለ ድምጻዊ

ultrasound

መሸፈኒ ገጽ

face mask

ሕማም

disease

ክፍሊ ምጽባይ

waiting room

ምርኩስ

crutch

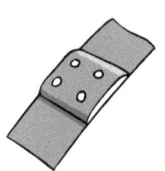

መጀነኒ ቑስሊ

plaster

መጀነኒ

bandage

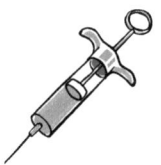

መርፍዕ ምውጋእ

injection

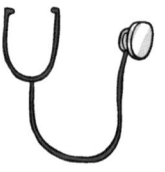

ስተቶስኮፕ

stethoscope

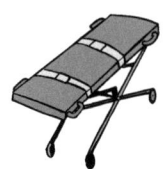

መሰከሚ ሕማም

stretcher

ቴርሞመተር

clinical thermometer

ትውልዲ

birth

ልዕለ-ሚዛን

overweight

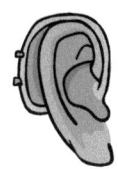

ሓገዝ ምስማዕ

hearing aid

ኣንጻዪ

disinfectant

ልበዳ

infection

ቫይረስ

virus

ኤድስ

HIV / AIDS

ሕክምና

medicine

ክታበ

vaccination

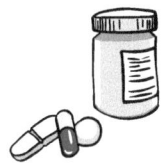

ከኒና

tablets

ከኒና

pill

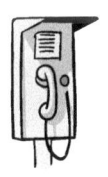

ህጹጽ ምድዋል

emergency call

መዕቀኒ ጸቕጢ ደም

blood pressure monitor

ሕሙም / ጥዑይ

ill / healthy

ህጹጽ ኩነት

emergency

ሓገዝ

Help!

ኣላርም

alarm

ምህጃም

assault

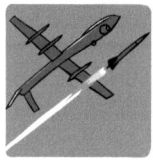

መጥቃዕቲ

attack

ድንገት

danger

ህጹጽ መውጽኢ

emergency exit

ሓዊ!

Fire!

መጥፍኢ ሓዊ

fire extinguisher

ሓደጋ

accident

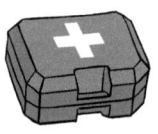

ሳንጣ ቀዳማይ ረድኤት

first-aid kit

SOS

SOS

ፖሊስ

police

ኤውሮጳ

Europe

ሰሜን ኣመሪካ

North America

ደቡብ ኣመሪካ

South America

ኣፍሪቃ

Africa

ኤስያ

Asia

ኣውስትራልያ

Australia

ኣትላንቲክ

Atlantic

ፓሲፊክ

Pacific

ህንዳዊ ዉቕያኖስ

Indian Ocean

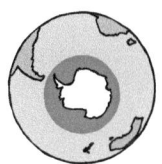

ኣንታርቲካዊ ዉቕያኖስ

Antarctic Ocean

ኣርክቲካዊ ዉቕያኖስ

Arctic Ocean

ሰሜናዊ ዋልታ

North Pole

ደቡባዊ ዋልታ

South Pole

ኣንታርቲካ

Antarctica

ምድሪ

Earth

መሬት

land

ባሕሪ

sea

ደሴት

island

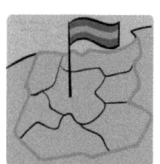

ሃገር

nation

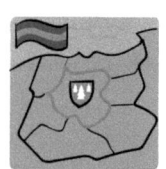

ዓዲ

state

ሰዓት

clock

ገጽ ሰዓት

clock face

ኣመልካቲ ሰዓታት

hour hand

ኣመልካቲ ደቓይቕ

minute hand

ኣመልካቲ ካልኢት

second hand

ሰዓት ክንደይ ኣሎ?

What time is it?

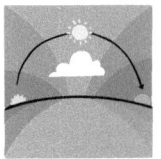

መዓልቲ

day

ግዜ

time

ሕጂ

now

ዲጂታል ሰዓት

digital watch

ደቒቕ

minute

ሰዓት

hour

ሰሙን

week

ሰኑይ
Monday

MO

W Wednesday
ረቡዕ

ዓርቢ
Friday

TU

TH
ቀዳም
Saturday

FR

ሰሉስ
Tuesday

SA

ሓሙስ
Thursday

SO

ሰንበት
Sunday

ትማሊ
yesterday

ሎሚ
today

ጽባሕ
tomorrow

ንጉሆ
morning

ቀትሪ
noon

ምሸት
evening

መዓልታት ስራሕ
business days

መወዳእታ ሰሙን
weekend

80
ሰሙን - week

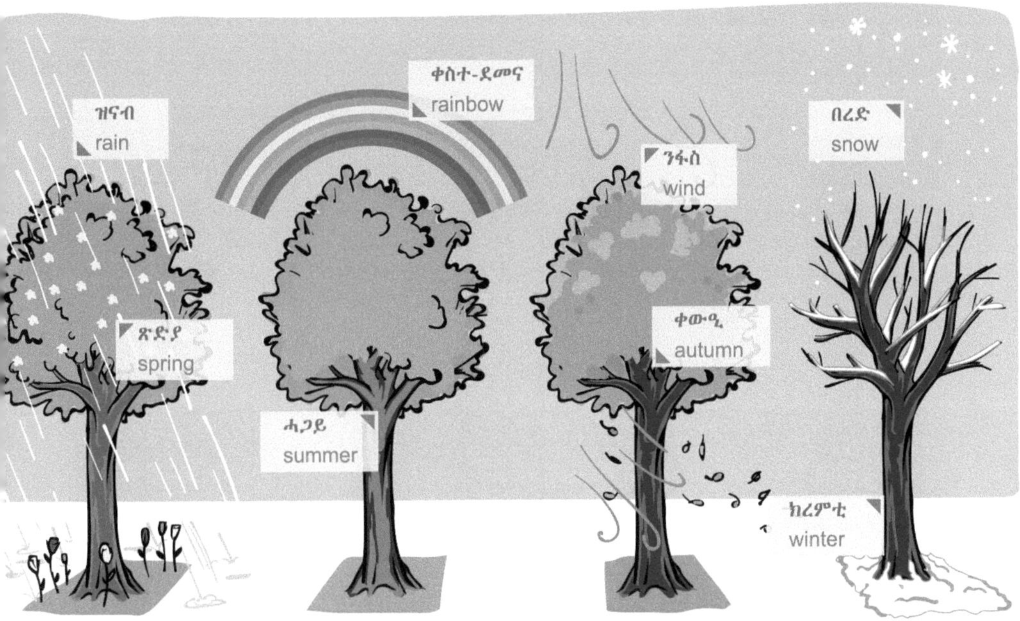

ዝናብ
rain
ቀስተ-ደመና
rainbow
ንፋስ
wind
በረድ
snow
ጽድያ
spring
ቀውዒ
autumn
ሓጋይ
summer
ክረምቲ
winter

ትንቢት ኩነታት ኣየር

weather forecast

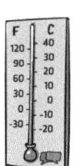

ቴርሞመተር

thermometer

ብርሃን ጸሓይ

sunshine

ደበና

cloud

ግመ

fog

ጠሊ

humidity

ብርቂ	ነጐዳ	ህቦብላ
lightning	thunder	storm

በረድ	ብርቱዕ ህቦብላ	ውሕጅ
hail	monsoon	flood

በረድ	ጥሪ	ለካቲት
ice	January	February

መጋቢት	ሚያዝያ	ጉንበት
March	April	May
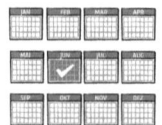		
ሰነ	ሓምለ	ነሓሰ
June	July	August

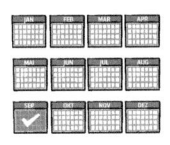

መስከረም

September

ጥቅምቲ

October

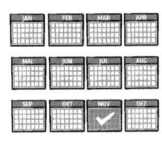

ሕዳር

November

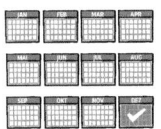

ታሕሳስ

December

ቅርጽታት

shapes

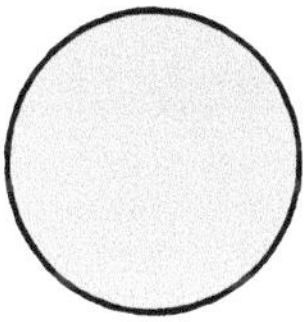

ዙርያ

circle

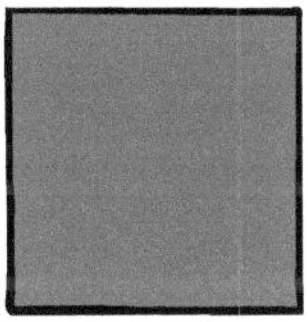

ትርብዒት

square

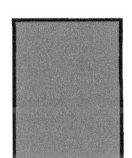

ቅኑዕ ርቡዕ ኹርናዕ

rectangle

ስሉስ ኩርናዕ

triangle

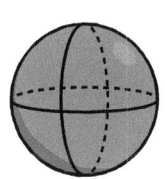

ክቢ

sphere

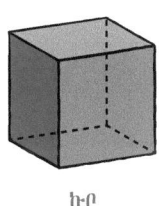

ኩቦ

cube

ሕብርታት

colours

ጻዕዳ

white

ብጫ

yellow

ኣራንሺ

orange

ፒንክ

pink

ቀይሕ

red

ጁኽ

purple

ሰማያዊ

blue

ቀጠልያ

green

ቡናዊ

brown

ሓሙኽሽታይ

grey

ጸሊም

black

ኣንጻራት

opposites

ብዙሕ / ውሑድ

a lot / a little

ሕሩቕ / ሰላማዊ

angry / calm

ጽቡቕ / ክፉእ

beautiful / ugly

መጀመርያ / መወዳእታ

beginning / end

ዓቢ / ንእሽቶ

big / small

ብሩህ / ጸልማት

bright / dark

ሓው / ሓፍቲ

brother / sister

ጽሩይ / ርሳሕ

clean / dirty

ምሉእ / ዘይምሉእ

complete / incomplete

መዓልቲ / ለይቲ

day / night

ሙዉት / ህልው

dead / alive

ሰፊሕ / ጸቢብ

wide / narrow

ደስ ዘበል / ደስ ዘይብል

....

edible / inedible

እኩይ / ህያዋይ

....

evil / kind

ርቡጽ / ስልኩይ

....

excited / bored

ረጊድ / ቀጢን

....

fat / thin

ቀዳማይ / ናይ መወዳእታ

....

first / last

ዓርኪ / ጸላኢ

....

friend / enemy

ምሉእ / ባዶ

....

full / empty

ተሪር / ልስሉስ

....

hard / soft

ከቢድ / ፈኲስ

....

heavy / light

ጥምየት / ጽምየት

....

hunger / thirst

ሕሙም / ጥዑይ

....

ill / healthy

ዘይሕጋዊ / ሕጋዊ

....

illegal / legal

መስተውዓሊ / ስዲ

....

intelligent / stupid

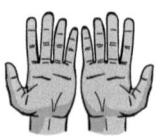

ጸጋም / የማን

....

left / right

ቐረባ / ርሑቕ

....

near / far

ሓዲሽ / ብሉይ

new / used

ዋላ ሓደ / ገለ

nothing / something

ዓቢ/ኣረጊት / መንእሰይ

old / young

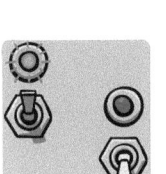

ወልዕ / ኣጥፍእ

on / off

ክፉት / ዕጹው

open / closed

ህዱእ / ዓው

quiet / loud

ሃብታም / ድኻ

rich / poor

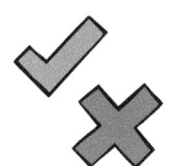

ቅኑዕ / ግጉይ

right / wrong

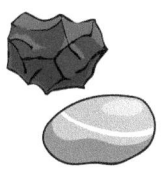

ሓርፋፍ / ልሙጽ

rough / smooth

ጉሁይ / ሕጉስ

sad / happy

ሓጺር / ነዊሕ

short / long

ቀስ / ቅልጡፍ

slow / fast

ጥሉል / ንቑጽ

wet / dry

ምዉቕ / ዝሑል

warm / cool

ውግእ / ሰላም

war / peace

አንጻራት - opposites

87

ቁጽርታት
numbers

0
ዜሮ
zero

1
ሓደ
one

2
ክልተ
two

3
ሰለስተ
three

4
ኣርባዕተ
four

5
ሓሙሽተ
five

6
ሽዱሽተ
six

7
ሸውዓተ
seven

8
ሸሞንተ
eight

9
ትሽዓተ
nine

10
ዓሰርተ
ten

11
ዓሰርተ ሓደ
eleven

12

ዓሰርተ ክልተ

twelve

13

ዓሰርተ ሰለስተ

thirteen

14

ዓሰርተ ኣርባዕተ

fourteen

15

ዓሰርተ ሓሙሽተ

fifteen

16

ዓሰርተ ሽዱሽተ

sixteen

17

ዓሰርተ ሸውዓተ

seventeen

18

ዓሰርተ ሸሞንተ

eighteen

19

ዓሰርተ ትሽዓተ

nineteen

20

ዕስራ

twenty

100

ሚእቲ

hundred

1.000

ሽሕ

thousand

1.000.000

ሚልዮን

million

ቋንቋታት

languages

እንግሊዝኛ

English

አመሪካዊ እንግሊዛዊ

American English

ቻይናዊ ማንዳሪን

Chinese Mandarin

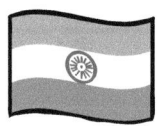

ሂንዳዊ

Hindi

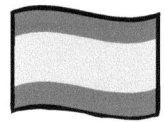

እስጳኛዊ

Spanish

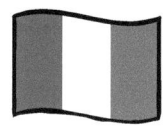

ፈረንሳዊ

French

ዓረባዊ

Arabic

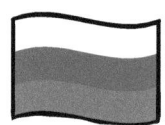

ሩሲያዊ

Russian

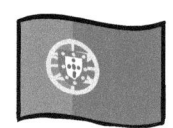

ፖርቱጋላዊ

Portuguese

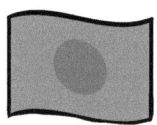

በንጋሊ

Bengali

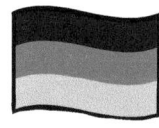

ጀርመናዊ

German

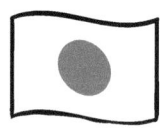

ጃፓናዊ

Japanese

መን / እንታይ / ከመይ

who / what / how

ኣነ

....

I

ንስኻ/ኺ

....

you

ንሱ / ንሳ / ንሱ

....

he / she / it

ንሕና

....

we

ንስኻ

....

you

ንሳቶም

....

they

መን?

....

who?

እንታይ?

....

what?

ከመይ?

....

how?

ኣበይ?

....

where?

መዓስ?

....

when?

ሽም

....

name

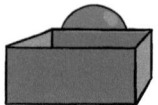

ኣበይ

where

ድሕሪ

behind

ኣብ

in

ኣብ ቅድሚ

in front of

ኣብ ላዕሊ

over

ኣብ ልዕሊ

on

ትሕቲ ምድሪ

under

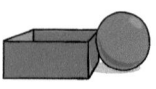

ኣብ ጥቓ

beside

ኣብ መንጎ

between

ቦታ

place